VENTE

Du Lundi 28 Janvier 1907

HOTEL DROUOT, SALLE N° **6**

à deux heures

TABLEAUX

MODERNES

AQUARELLES — PASTELS

DESSINS

COMMISSAIRE-PRISEUR

Mᵉ **LAIR-DUBREUIL**

EXPERTS

MM. **GRAAT et MADOULÉ**

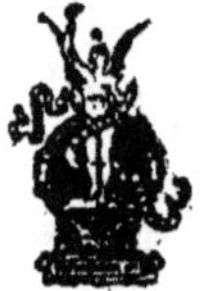

CATALOGUE

DES

TABLEAUX MODERNES

Aquarelles, Pastels

DESSINS

PAR

ARUS, BAIL (JOSEPH), BARYE, BELLANGÉ (H.), BODMER, BOUDIN,
BRISSET, CHARLET, FLAMENG (AUG.), FRAPPA (JOSÉ),
FRÈRE (TH.), GÉLIBERT (G.), HAWKINS, HEILBUTH, HUGUET,
ISABEY (E.), LATOUCHE, MADRAZZO, MARCHETTI,
MONNIER (H.), PROTAIS, VAUTIER, VIGNON, WATELET, ETC.

Dont la Vente aux enchères publiques aura lieu

HOTEL DROUOT, SALLE N° 6

LE LUNDI 28 JANVIER 1907

à deux heures

COMMISSAIRE-PRISEUR	EXPERTS
Me LAIR-DUBREUIL	MM. GRAAT et MADOULÉ
6, rue Favart, 6	6, rue Godot-de-Mauroi, 6

EXPOSITION PUBLIQUE

Le Dimanche 27 Janvier 1907, de 2 heures à 5 h. 1/2

CONDITIONS DE LA VENTE

Elle sera faite au comptant.

Les adjudicataires paieront *dix pour cent* en sus des enchères.

Paris.—Imp. de l'Art, Cʜ. Bᴇʀɢᴇʀ ᴇᴛ Cⁱᵉ, 41, r. de la Victoire

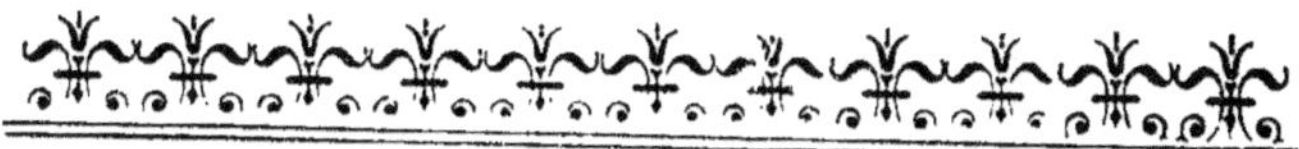

DÉSIGNATION

TABLEAUX

BAIL (Joseph)

1 500   1 — *Le Cuisinier.*
> Signé à droite.
>> Toile. Haut., 74 cent.; larg., 61 cent.

BAIL (Joseph)

135   2 — *Orfèvrerie et fleurs.*
>> Bois. Haut., 30 cent.; larg., 38 cent.

BARYE

500   3 — *Rochers, à Fontainebleau.*
> Cachet de la vente à droite.
>> Panneau. Haut., 25 cent.; larg., 35 cent.

BEAUCHAMPS

4 — *Entrée de village.*
> Signé à gauche.
>> Panneau. Haut., 26 cent.; larg., 34 cent.

BELLANGÉ (H^{te})

5 — *Le Grenadier et le Cocher de corbillard.*

Signé à droite.

Panneau. Haut., 19 cent.; larg., 15 cent.

BENOIT-LÉVY (JULES)

6 — *Sentinelle à l'entrée d'un fort.*

Toile. Haut., 45 cent.; larg., 35 cent.

BENOIT-LÉVY (JULES)

7 — *Étude pour le tableau du 14 juillet 1789.*

Toile. Haut., 46 cent.; larg., 37 cent.

BOUDIN

8 — *Bords de la Toucques.*

Signé à droite.

Toile. Haut., 36 cent.; larg., 58 cent.

BRISSET

9 — *Causerie. Premier Empire.*

Signé à gauche.

Panneau. Haut., 26 cent.; larg., 38 cent.

CARL-ROSA

10 — *Paysage. Bords de rivière.*

Panneau. Haut., 36 cent.; larg., 55 cent.

CAUCHOIS

11 — *Bourriche de fleurs.*

Toile. Haut., 58 cent.; larg., 72 cent.

CHARLET

12 — *Grenadier.*

Signé à gauche.

Toile. Haut., 46 cent.; larg., 38 cent.

CORCOS

13 — *La Visite au couvent.*

Signé à gauche.

Toile. Haut., 1 m. 38 cent.; larg., 57 cent.

DESTAPPE

14 — *Près Saïgon.*

Signé à gauche.

Toile. Haut., 60 cent.; larg., 95 cent.

FLAMENG (Auguste)

15 — *Barques de pêche.*

Bois. Haut., 55 cent.; larg., 35 cent.

FRÈRE (Th.)

16 — *Convoi de dromadaires.*

Toile. Haut., 45 cent.; larg., 65 cent.

GÉLIBERT (Gaston)

17 — *Renard.*

Signé à droite.

Panneau. Haut., 13 cent.; larg., 11 cent.

GORGUET

18 — *Tête d'Homme.*

Signé à droite.

Toile. Haut., 52 cent.; larg., 44 cent.

GUILLONNET-TÉNÈS

(DEUX PENDANTS)

19 — *Intérieur de mosquée.*

20 — *Rue d'Orient.*

Signés à droite.

Panneaux. Haut., 35 cent.; larg., 26 cent.

HAWKINS (W.)

(DEUX PENDANTS)

21-22 — *Vue des Statues du Trocadéro.*

Toile. Haut., 54 cent.; larg., 45 cent.

HEILBUTH

23 — *Adrienne.*

Cachet de la vente à droite.

Toile. Haut, 58 cent. ; larg., 37 cent.

HEILBUTH

24 — *Dans le Parc.*

Cachet de la vente à droite.

Panneau. Haut., 35 cent. ; larg., 57 cent.

HUGUET

25 — *Passage du gué.*

Signé à droite.

Panneau. Haut., 38 cent.; larg., 45 cent.

LAZERGES (Paul)

26 — *Portrait de Femme assise.*

Panneau. Haut., 22 cent.; larg., 15 cent.

MADRAZZO

27 — *Tête de Femme espagnole.*

MEYREN (E.)

28 — *Port de Malaga.*

Signé à droite.

Toile. Haut., 53 cent.; larg., 81 cent.

NOEL (Jules)

29 — *Le Vieux Port.*

Signé à gauche.

Toile. Haut., 72 cent.; larg., 59 cent.

LÉVY (Michel)

30 — *Vieille Normande.*

Toile. Haut., 34 cent.; larg. 26 cent.

PEYROL-BONHEUR

31 — *La Vache grise.*

PEYROL-BONHEUR

32 — *Bélier*.

PROTAIS (A.)

33 — *Garde-française, à Versailles*.
Signé à gauche.

Haut., 33 cent.; larg., 25 cent.

RAVANNE

34 — *Barque échouée*.
Signé à gauche.

Panneau. Haut., 33 cent.; larg., 26 cent.

35 — *Barques à marée basse*.
Signée à droite.

Toile. Haut., 29 cent.; larg., 44 cent.

36 — *Barques en mer*.
Signé à gauche.

Toile. Haut., 29 cent.; larg., 44 cent.

ROUSSIN (G.)

37 — *Bohémienne*.

Carton. Haut., 72 cent.; larg, 57 cent.

SERRA

38 — *Tête de Jeune Fille*.
Signé à droite.

Toile. Haut., 71 cent.; larg., 38 cent.

THOREN (Otto de)

39 — *Le Retour des courses.*

Signé à droite.

Panneau. Haut., 31 cent. ; larg., 50 cent.

TOFANI

40 — *Espagnol.*

Panneau. Haut., 31 cent. ; larg., 16 cent.

TROYON (D'après)

41 — *Moutons.*

Toile. Haut., 38 cent. ; larg. 55 cent.

ULMANN (R.-A.)

42 — *Marine.*

Signé à gauche.

Panneau. Haut., 18 cent. ; larg. 25 cent.

VALLOIS

43 — *Barque de pêche.*

Haut., 1 m. 10 cent. ; larg., 1 m. 60 cent.

VIGNON

44 — *Rue de village.*

Signé à gauche.

Toile. Haut., 37 cent. ; larg. 46 cent.

AQUARELLES, PASTELS
DESSINS

ARUS
45 — *Grandes manœuvres, éventail.*

BALA
46 — *Grand canal à Venise.*

BETHUNE
47 — *Colombine.*
Signé à droite.

BODMER (A.)
48 — *Renard sous bois.*
Fusain.

BOURGEOIS
49 — *Marin à table.*
Signée à droite.

BOUTET DE MONVEL (M.)
5o — *Deux Écoliers.*
Signée à gauche.

CHAIGNEAU

51 — *Mouton.*

Dessin.

CICERI

52 — *Chasse en automne.*

DARRE (G.)

53 — *Clubmann et Jockey.*

54 — *Causerie.*

DEDINA

55 — *Chez le peintre.*

56 — *Femme assise.*

57 — *L'Échelle.*

58 — *Chez le Directeur.*

59 — *En Visite.*

60 — *Femme dans un intérieur.*

DELACROIX (Aug.)

61 — *Pêcheur de Boulogne.*

62 — *Pêcheuses de Boulogne.*

DIXON (John)

63 — *Lisbonne.*

64 — *Saint-Domingue.*

FOURNIER DE LEMPDES

65 — *Sur le Boulevard.*

FRAPPA (José)

66 — *Portrait de Femme.*
Pastel.

GALANIS

67 — *Nègre et Trottin.*

68 — *Embarquement.*

69 — *En Cabinet particulier.*

70 — *Poète et Trottin.*

71 — *Au Bar.*

72 — *Au Salon.*

73 — *Femmes au bar.*

GARAUD (Gustave)

74 — *Paysage, le Vieux Pont.*
Aquarelle.

GÉRARDIN (A.)

75 — *Château de Brunikel (Aveyron).*

76 — *Grenadier.*
Dessin.

GORGUET

77 — *Femme de Grenade.*

78 — *Tête d'Homme.*

79 — *Sérénade à Séville.*
Dessin.

GÉLIBERT (Gaston)

80 — *Canard sauvage.*

81 — *Épervier dévorant un oiseau.*

HAUPART

82 — *Paysage.*

83 — *Sortie de village.*
Aquarelles.

HAWKINS (W.)

84 — *Voilée.*
Aquarelle.

HERSON

85 — *La Plaine.*

HOFFBAUER

86 — *Trois aquarelles de types garde-française.*

ISABEY

87 — *Chemin sous bois.*

ISABEY

88 — *Roscof.*

Dessin.

Porte le cachet de la vente de l'artiste.

JOSIAS

89 — *1812.*

Dessin.

90 — *Dragons en manœuvres.*

Dessin.

91 — *La Leçon d'équitation.*

Dessin.

LA TOUCHE

92 — *Le Ballet.*

Pastel.

LOUIS LESSIEUX (E.)

93 — *L'Automne.*

94 — *Rêverie.*

LOUVET

95 — *Paysan à la lisière d'un bois.*

Pastel.

MARCHETTI

96 — *Infanterie italienne.*

Dessin rehaussé.

MAROLD (L.)

97 — *Dans le Fauteuil.*

MÉNARD (René)

98 — *L'Estuaire.*
Pastel.

MINARTZ

99 — *Le Coupé.*
Dessin.

100 — *Le Trottin.*

101 — *Quadrille excentrique.*

MINOIRE (C.)

102 — *Orchestre tzigane.*

MONNIER (Henry)

103 — *Scènes humoristiques.*

Dessin à la plume et à l'encre de Chine sur feuille d'éventail.

MORENO

104 — *Paysanne sur une route.*

PARIS (Ad.)

105 — *Premier flirt.*

ROSSERT

106 — *Brick à quai.*

ROUSSIN (G.)

107 — *Danseuse.*
   Pastel.

SCOTT (Georges)

108 — *Armée russe.*

109 — *Cuirassier.*
   Dessin à la plume.

RICARDO FLORÈS

110 — *La Matchiche.*

111 — *Bar anglais.*

SAUNIER

112 — *L'Église.*

VAUTIER

113 — *Portrait de femme décolleté.*
   Pastel.

VILLON (Jacques)

114 — *En brouette.*

WATELET

115 — *Rivière.*

116 — Tableaux et Dessins omis.